# PÃO E VINHO
para nossa ceia com o Senhor

Coleção Rede Celebra

1. *A Palavra de Deus na Liturgia* – Ione Buyst
2. *O ministério de leitores e salmistas* – Ione Buyst
3. *Homilia, partilha da Palavra* – Ione Buyst
4. *O espaço da celebração: mesa, ambão e outras peças* – Regina Céli de Albuquerque Machado
5. *Domingo, dia do Senhor* – Ione Buyst (org.)
6. *Presidir a celebração do dia do Senhor* – Ione Buyst
7. *Pão e vinho para nossa ceia com o Senhor* – Ione Buyst
8. *Mística e liturgia: beba da fonte* – Ione Buyst
9. *Ofício Divino das Comunidades: uma introdução* – Penha Carpanedo
10. *Participar da liturgia* – Ione Buyst

Ione Buyst

# PÃO E VINHO
## para nossa ceia com o Senhor

**Dados Internacionais de Catalogação na Publicação (CIP)**

**(Câmara Brasileira do Livro, SP, Brasil)**

Buyst, Ione
    Pão e vinho para nossa ceia com o Senhor / Ione Buyst. – 2. ed. –
São Paulo : Paulinas, 2014. -- (Coleção rede celebra ; 7)

    Bibliografia.
    ISBN 978-85-356-1650-7

    1. Eucaristia   2. Eucaristia (Liturgia)   3. Eucaristia - Celebração
4. Eucaristia - Ritos e cerimônias   I. Título.   II. Série.

14-04606                                        CDD-234.163

**Índice para catálogo sistemático:**

1. Eucaristia : Sacramentos : Cristianismo     234.163

2ª edição – 2014

| | |
|---:|:---|
| Direção-geral: | *Flávia Reginatto* |
| Editora responsável: | *Vera Ivanise Bombonatto* |
| Copidesque: | *Anoar Jarbas Provenzi* |
| Coordenação de revisão: | *Andréia Schweitzer* |
| Revisão: | *Ana Cecilia Mari* |
| Direção de arte: | *Irma Cipriani* |
| Gerente de produção: | *Felício Calegaro Neto* |
| Ilustrações: | *Edmar Oliveira* |
| Produção de arte: | *Cristina Nogueira da Silva* |

Revisado conforme a nova ortografia.

---

*Nenhuma parte desta obra poderá ser reproduzida ou transmitida
por qualquer forma e/ou quaisquer meios (eletrônico ou mecânico,
incluindo fotocópia e gravação) ou arquivada em qualquer sistema ou
banco de dados sem permissão escrita da Editora. Direitos reservados.*

---

**Paulinas**

Rua Dona Inácia Uchoa, 62
04110-020 – São Paulo – SP (Brasil)
Tel.: (11) 2125-3500
http://www.paulinas.org.br – editora@paulinas.com.br
Telemarketing: 0800-7010081

© Pia Sociedade Filhas de São Paulo – São Paulo, 2005

# Sumário

Introdução ...................................................................7

Abreviaturas usadas ...................................................12

1. Na noite em que ia ser entregue… ....................13
2. A verdade dos sinais........................................17
3. Eucaristia, ceia do Senhor...............................23
4. Eucaristia com hóstias ou com pão? ................27
5. Pão com ou sem fermento? ..............................33
6. Fração do pão .................................................39
7. Comunhão.......................................................45
8. Vinho para todos ............................................51
9. A gota d'água .................................................57
10. Pão para ver ou para comer?..........................63
11. Pão para a vida do mundo ..............................69

# Introdução

Comer e beber juntos é uma necessidade vital e uma festa para o corpo e o coração. Sentar como irmãos e irmãs à mesa do Senhor Jesus é partilhar o "Pão que alimenta e dá vida e o Vinho que nos salva e dá coragem".[1] Pão e Vinho que anunciam e inauguram entre nós o banquete do Reino de Deus. Pão da partilha e da solidariedade: *dois pães e dois peixes capazes de alimentar toda uma multidão*. Vinho da alegria e da festa do casamento da nova e eterna aliança: *Venham todos comer do manjar e do vinho mais fino provar*. Pão do martírio: *Meu Corpo entregue por vós*. Cálice do compromisso, do sofrimento, da paixão: *Vocês podem beber o cálice que eu vou beber?... Pai, afasta de mim este cálice!*

A eucaristia é tudo isso. Memorial de Jesus em sua entrega, em sua páscoa, em sua morte e ressurreição, sob os sinais singelos de uma ceia, na qual fazemos memória da morte e ressurreição do Senhor, em ação de graças e súplica ao Pai, partilhando, comendo e bebendo juntos o pão e o vinho, que nos unem a Cristo, na força do Espírito Santo. É saboreando o pão e o vinho, assimilando em nosso ser o gesto da doação e da partilha, que entramos em comunhão com Jesus Cristo em sua páscoa e somos enviados em missão.

---

[1] Cf. Oração eucarística n. 5.

Acontece que dentro da Igreja, mesmo dentro da Igreja Católica Romana, encontramos várias tendências, vários modelos de Igreja, várias maneiras de entender a missão da Igreja, várias maneiras de viver e compreender a liturgia e, mais especificamente, a eucaristia. Há quem aposte numa Igreja mais hierárquica e clerical, na qual os leigos e as leigas são considerados mais como freqüentadores do que como participantes. E há outras pessoas que aprenderam a ser Igreja-comunidade, "toda ela ministerial", com a participação ativa de todos e todas, com o clero e os agentes de pastoral fazendo parte da comunidade e estando a serviço dela. Há quem reforce a atividade da Igreja "para dentro" dela mesma, cuidando das atividades religiosas e caritativas. E há quem entenda que a Igreja existe para ser fermento na massa, a serviço de uma nova sociedade, de um mundo renovado, superando as desigualdades sociais, as discriminações, as guerras, as dominações de uns sobre outros, o desrespeito à dignidade de qualquer ser humano. As várias maneiras de compreender a Igreja geram vários "modelos" litúrgicos, várias maneiras diferentes de celebrar. Quanto à eucaristia, vivemos atualmente como que uma "onda gigante" que invade nossas celebrações com práticas eucarísticas próprias do segundo milênio: bênçãos, exposição e procissões com o Santíssimo no ostensório, às vezes até mesmo dentro da missa e parecendo tão ou mais importantes que a própria celebração eucarística; adoração e cantos devocionais durante a oração eucarística; o sacrário mais valorizado que o próprio altar; uma espiritualidade eucarística centrada na adoração de Jesus presente na hóstia consagrada. De outro lado, há pessoas e comunidades que continuam aprofundando e vivenciando a celebração eucarística renovada pelo Concílio Vaticano II: gostariam de usar o pão ázimo (sem fermento) no lugar das pequenas hóstias, sabem que devem comungar o pão (ou as hóstias) consagradas na missa da qual estão participando, sabem que têm direito de comungar sob as duas espécies (pão e vinho) e entendem a missa como um encontro comunitário com o Cristo Ressuscitado que está realmente presente, não somente no pão e no vinho eucarísticos mas igualmente na comunidade reunida que ora e canta, na palavra proclamada e interpretada, no ministro que preside a celebração eucarística e que nos entrega o pão e o vinho, comunhão no Corpo e Sangue de Cristo (cf. SC, n. 7). E, sobretudo, entendem que a celebração deve levar a um compromisso maior com o crescimento do Reino de Deus no mundo. Na prática, a difícil coexistência entre essas várias tendências gera espanto, conflitos, desconfianças. O que fazer diante disso? Antes de tudo, devemos procurar entender o que está acontecendo e por quê. Depois, devemos aprender a difícil arte do diálogo, conhecendo nossas divergências e suas razões históricas, procurando viver a unidade na diversidade.

Este livrinho não aborda toda a realidade eucarística, nem todos os problemas relacionados com o assunto. Apenas procura responder a muitas perguntas que as pessoas fazem a respeito *do pão e do vinho* usados para celebrar a eucaristia.[2] Não oferece respostas prontas, do tipo "isto pode, isto não pode". Não se deve reduzir o mistério da eucaristia a questões legalistas, jurídicas; Jesus sempre alertou contra esse tipo de atitude (por exemplo, em Mt 23,16-23). Analisaremos sempre o gesto ritual

---

[2] Foram aproveitados alguns textos publicados anteriormente na seção "Grilos" da *Revista de Liturgia*, 2004 e 2005, agora revistos e completados.

com o pão e o vinho na celebração eucarística, procurando seu porquê, seu sentido teológico e a atitude espiritual que quer provocar em nós. A comunicação do mistério e a participação nele passam pela *verdade destes sinais* e é essa verdade que procuramos ressaltar.

Usaremos como referência para nosso estudo: 1) as Sagradas Escrituras, principalmente os textos do Novo Testamento que se referem à celebração eucarística; 2) a Tradição Litúrgica tanto do Ocidente como do Oriente, ao longo da história (é bom lembrar que na Igreja Católica Romana não existe apenas o rito latino, ocidental); 3) documentos da renovação litúrgica conciliar da Igreja Católica Romana, principalmente a Constituição *Sacrosanctum Concilium*, sobre a Sagrada Liturgia (SC), e a *Instrução Geral sobre o Missal Romano* (IGMR) em sua terceira edição de 2002.[3]

---

[3] Não se fará referência a outros escritos mais recentes da Santa Sé, como, por exemplo, a Instrução *Redemptionis Sacramentum*, que causou muitas reações por seu tom mais legalista e conservador, parecendo ir na contramão do espírito da renovação conciliar. Dom Clemente Isnard fala sobre essa Instrução em *Revista de Liturgia*, n. 186, out./nov. 2004, p. 6. Ele lembra que é preciso "estabelecer as distinções entre os diversos tipos de documentos pontifícios. Alguns são irreformáveis, outros não". A Instrução "não é documento da suprema autoridade da Igreja. Não equivale a uma Constituição Apostólica nem mesmo a uma Encíclica". Não é uma Instrução importante, "mas um documento de pequenos remédios". Dom Clemente foi participante ativo do Movimento Litúrgico no Brasil, a partir de 1933; participou do Concílio Vaticano II e foi membro do conselho para a execução da *Sacrosanctum Concilium*; foi presidente da dimensão litúrgica da CNBB por muitos anos e do departamento de liturgia do Celam.

O objetivo é oferecer elementos de reflexão para as comunidades, equipes de liturgia, responsáveis pela pastoral litúrgica e qualquer pessoa que queira aprofundar o assunto: que não se contentem em agir por rotina, não sigam orientações cegamente sem perguntar por quê, mas avancem na compreensão e na ação como adultos na fé, com equilíbrio e bom senso, na liberdade dos filhos de Deus.

---

**Sugestão: após a leitura de cada capítulo, parem, pensem e troquem ideias**

1) *O que aprendi de novo neste texto?*

2) *Que sugestões eu teria, a partir desta leitura, para melhorar a celebração da eucaristia em nossa comunidade?*

3) *Que mudanças este texto provoca em minha maneira de participar da celebração eucarística a partir de agora?*

# Abreviaturas usadas

SC – Constituição conciliar *Sacrosanctum Concilium*, sobre a Sagrada Liturgia, 1963.

IGMR – Instrução Geral sobre o Missal Romano. Comentário de J. Aldazábal. São Paulo, Paulinas, 2007. (Col. Comentários).

Celam – Conselho Episcopal Latino-Americano

CNBB – Conferência Nacional dos Bispos do Brasil

# 1. Na noite em que ia ser entregue...

Para todo e qualquer aprofundamento sobre a eucaristia, a última ceia é referência obrigatória. Acontece num determinado momento da vida de Jesus. Em consequência de sua pregação e ação missionária, Jesus é denunciado, perseguido pelas autoridades, que procuram matá-lo. A ceia é de despedida. Reclinados ao redor da mesa, celebram a ceia pascal, como memorial da libertação do povo judeu da escravidão no Egito, na espera da libertação total sempre futura. Jesus fala do Reino de Deus e, segundo o relato de Lucas, está desejoso de celebrar essa ceia com os seus discípulos. Fala abertamente de sua morte, não apenas como um acontecimento pessoal, mas como um fato que será para todo o povo um novo momento de intervenção de Deus, provocando uma nova libertação, um novo êxodo rumo à liberdade, rumo ao Reino de Deus. "Vocês não percebem que é melhor um só homem morrer pelo povo, do que a nação inteira perecer?", profetiza Caifás, o sumo sacerdote (Jo 11,50). Como "pai de família" do grupo reunido, Jesus preside os ritos da ceia pascal. Toma o pão em suas mãos, pronuncia a bênção de ação de graças, parte o pão e o dá a seus discípulos, profetizando sua morte: "meu corpo entregue...". No final da ceia, faz o mesmo gesto com o cálice com vinho: "meu sangue derramado, sangue da nova e eterna aliança...". Não será uma morte simplesmente "matada", será uma morte doada, uma oferta de sua vida a Deus, em favor da libertação de todo o povo. Será a morte de um mártir, uma testemunha do imenso amor de Deus que quer ver seu povo livre de qualquer escravidão. Será a morte do Servo Sofredor, profetizada nos escritos de Isaías, carregando sobre si nossas maldades e injustiças. Será a morte do Cordeiro Pascal, que será imolado, mas que, nas visões do Apocalipse, está de pé, vivo e vitorioso diante de Deus. Depois de sua ressurreição, Jesus aparece várias vezes comendo e bebendo com seus discípulos, falando do Reino de Deus, e enviando-os como testemunhas a todos os recantos do mundo.

É nesse contexto que devemos procurar compreender o mistério da eucaristia, o mistério da fé. Qual é o cerne desse mistério? Ouçamos a resposta que proclamamos em cada celebração eucarística: "Eis o mistério da fé! — Todas as vezes que comemos deste pão e bebemos deste cálice, anunciamos, Senhor, a vossa morte enquanto esperamos vossa vinda!" (cf. 1Cor 11,26). O mistério da eucaristia é o mistério de morte e ressurreição de Jesus, de sua páscoa, que traz consigo a páscoa do povo e de toda a realidade histórica e cósmica. A morte foi tragada pela vida! Jesus venceu a morte por seu imenso amor por Deus e pelo povo. Celebrar a eucaristia é entrar conscientemente nesse movimento pascal de mudança de toda situação de "morte" em situação de "vida", movido pelo amor. É assumir conscientemente o compromisso com a transformação pascal de nossa própria vida, também da vida das outras pessoas, da vida da sociedade e da natureza, "[...] até que Deus seja tudo em todos" (1Cor 15,28).

Cada celebração eucarística situa-se entre estes dois pólos: olhando para trás, para a entrega de Jesus até à morte de cruz, que é o fato fundante de nossa fé; e olhando para a frente, para o pleno desabrochar do Reino de Deus entre nós. No meio dos dois, o tempo presente vivido na fé, entrecortado pelas celebrações eucarísticas, principalmente aos domingos, pautando nossa maneira de ser cristãos e cristãs, em Igreja, e de viver a missão na sociedade.

# 2. A verdade dos sinais

A eucaristia é celebrada com pão e com vinho. Esses dois elementos são, antes de tudo, símbolos de nossa existência, da realidade cósmica e cultural: "fruto da terra, fruto da videira e do trabalho humano". Depois, pela palavra de Cristo e pela ação do Espírito Santo na celebração eucarística, transformam-se para nós em "sinais sacramentais" do Corpo e Sangue de Jesus entregues por nós, sinais sacramentais de sua páscoa. Assim, comendo e bebendo o pão e o vinho eucarísticos nos tornamos participantes de sua vitória sobre a morte e somos chamados a viver, em comunidade e na sociedade, o amor universal, como Jesus fez.

Pela formação que recebemos, temos certa dificuldade de entender essa qualidade de "sinal" do pão e do vinho eucarísticos.

Por muito tempo, certa espiritualidade e certa catequese nos habituaram a ver na presença real como que uma espécie de dublê[1] de Jesus de Nazaré, que temos à nossa disposição no tabernáculo para fazer-lhe companhia.[2]

---

[1] O que é um "dublê"? Seria literalmente um "duplo": uma pessoa é substituída por outra pessoa tão parecida com ela que a diferença fica oculta. O dublê é muito usado em filmes ou para substituir pessoas que exercem cargo público.

[2] GIRAUDO, Cesare. *Num só corpo*; tratado mistagógico da eucaristia. São Paulo, Loyola, 2003. p. 526.

É como se o pão (a hóstia) e o vinho deixassem de existir e se transformassem em Jesus Cristo; ou como se Jesus entrasse por inteiro dentro do pão e do vinho e estes desaparecessem, sendo "substituídos" por Jesus. No entanto, se escamoteamos o sinal, o sacramento deixa de existir, porque o sacramento é uma realidade invisível que nos atinge através de "sinais sensíveis". O que afirma a teologia da "transubstanciação" do Concílio de Trento? Afirma que pelas palavras de Cristo e pela ação do Espírito Santo, na celebração eucarística, a "substância" do pão e a do vinho são mudadas no Corpo e Sangue de Cristo. Permanecem, no entanto, as "espécies", isto é, as características sensíveis do pão e do vinho: gosto, cheiro, possibilidade de ser rompido, mastigado etc. Quando o padre apresenta o pão e o vinho para a comunhão, não deve dizer: "Eis Jesus". Ao partirmos o pão, não partimos a pessoa de Cristo; não "consumimos Jesus" ao comungar o pão e o vinho eucarísticos; não sai sangue quando mastigamos o pão, como se continua afirmando em certos ambientes, nem há perigo de "machucar Jesus" quando por descuido deixamos cair alguma migalha do pão eucarístico. O Cristo glorioso, ressuscitado, vivificado pelo Espírito Santo, está presente "sob as espécies de pão e de vinho", de forma "sacramental". Não podemos eliminar o "sinal", porque sem sinal não há mais sacramento. No sacramento da eucaristia, a realidade "visível, sensível", é pão e vinho, mesmo depois da consagração; a realidade "invisível", o mistério que elas representam sacramentalmente por causa da palavra do memorial, é o Corpo e o Sangue de Cristo entregues por nós. De fato, na liturgia os sinais sensíveis "simbolizam" as realidades invisíveis (cf. SC, n. 33).[3] Santo Tomás de Aquino reage contra o realismo grosseiro dos chamados "milagres" eucarísticos em que o vinho se tornaria sangue e o pão se tornaria carne: "Seja lá o que for esse sangue, uma coisa é certa: não é o sangue de Cristo". Também afirma que Cristo não está preso no sacrário; ali se encontram, sim, as espécies sacramentais, o pão consagrado.[4]

## a) Referências bíblicas

Duas passagens bíblicas podem nos ajudar a compreender melhor essa qualidade de "sinal": a última ceia e o encontro do Ressuscitado com os discípulos de Emaús. Nos dois casos, depois de longas conversas, Jesus, sentado à mesa com os discípulos, toma o pão e o cálice com vinho em suas mãos, pronuncia a bênção fazendo do pão e do vinho "sinais" de sua entrega total ao Pai; parte o pão e o dá com o vinho aos discípulos, "sinais" de seu corpo entregue e do sangue derramado, para que comendo e bebendo, os discípulos se tornem participantes da entrega dele até à morte que leva à glorificação dele pelo Pai. Jesus não "desaparece" dentro do pão e do vinho, mas é ele mesmo que os entrega a seus discípulos. Assim acon-

---

[3] Para aprofundar o sentido simbólico do sacramento, leiam: *Catecismo da Igreja Católica*, nn. 1145-1162, "Como celebrar"; SCOUARNEC, Michel. *Os símbolos cristãos*; os sacramentos como gestos humanos. São Paulo, Paulinas, 2001; BUYST, Ione. *Celebrar com símbolos*. 2. ed. São Paulo, Paulinas, 2002.

[4] Cf. *Summa Theologica* III, q. 76 e q. 75.

tece também na celebração eucarística. Entramos em comunhão com o Cristo em sua páscoa, comendo e bebendo o pão e o vinho eucarísticos que ele nos oferece, "sinais" de sua entrega até à morte e de sua ressurreição: "Tomam e comam, tomam e bebam; tornem-se uma só oferenda comigo, um só corpo, um só Espírito, para que, unidos em mim, sejam fermento de transformação no mundo".

É bom lembrar ainda que a presença de Cristo e de seu Espírito na eucaristia não é uma presença estática, mas sim "dinâmica": do "corpo sacramental" no pão e no vinho eucarísticos, estende-se ao "corpo eclesial" (a Igreja), formada por aqueles que comem e bebem deste pão e deste vinho, e que se dispõem a viver como discípulos e discípulas, como testemunhas de sua morte e ressurreição, influenciando até mesmo o "corpo social".

## b) Verdade ou validade?

Voltando aos sinais: para que os "sinais sensíveis" nos sacramentos possam cumprir sua finalidade de "expressar e comunicar" aquilo que significam (cf. SC n. 7), é necessário que sejam facilmente reconhecidos como tal. É por isso que a IGMR, no n. 321, insiste na "verdade do sinal": o pão usado na celebração eucarística deve aparecer realmente como um alimento e ser feito de tal forma que possa ser repartido em várias partes para ser distribuído; depois, insiste na "importância do sinal da unidade de todos num só pão, e da caridade fraterna pelo fato de um único pão ser repartido entre os irmãos".

No n. 14, a mesma importância do sinal é lembrada como motivo para re-introduzir a comunhão sob as duas espécies, de pão e de vinho, "[...] a fim de que, através de uma apresentação mais elucidativa do sinal sacramental, haja uma oportunidade para compreender melhor o mistério de que os fiéis participam". Também os nn. 85 e 281 insistem na importância do sinal ao dizer que devemos comungar do pão (ou hóstias) consagradas na mesma missa (e não tiradas do sacrário) e participar do cálice em todos os casos previstos, "[...] para que, também através dos sinais, a Comunhão se manifeste mais claramente como participação no sacrifício celebrado atualmente".

A insistência na importância e na verdade do sinal é própria da teologia litúrgica do Concílio Vaticano II. É muito diferente da insistência na "validade" que caracteriza uma maneira "jurídica" de compreender a liturgia, do tipo "isto pode, isto não pode": sem determinados detalhes na maneira de celebrar, sem determinados requisitos a respeito do pão e do vinho, a eucaristia não é considerada válida. Quem determina a validade é a instituição jurídica, no caso, a Santa Sé. E essas determinações podem variar ao longo dos séculos, porque dependem de um julgamento pastoral e não afetam o essencial do sacramento; por exemplo, pão com ou sem fermento, comunhão na mão ou na boca, de pé ou ajoelhado; comunhão somente com pão ou com pão e vinho etc. Se nos preocuparmos unicamente com a validade, podemos cair no formalismo, no ritualismo, e deixar escapar o essencial, que é a qualidade dos sinais sensíveis para expressar, fazer compreender e aderir ao mistério que representam. Eucaristia não é fórmula química ou mágica. Como dizia um jovem: "Não posso imaginar que a presença de Cristo Ressuscitado dependa dos ingredientes do pão ou da maneira de servir o pão e o vinho".

## *Lembrete final*

Em tudo, muito respeito pelo pão e pelo vinho eucarísticos, sinais sacramentais do grande mistério de nossa fé! Tomemos todo o cuidado para não deixar cair nenhuma migalha do pão, nenhuma gota do vinho. No entanto, sem exageros ou escrúpulos desmedidos; sem desconsiderar sua qualidade de "sinal".

# 3. Eucaristia, ceia do Senhor

Antes de sua morte, Jesus nos deixou um mandamento: celebrar sempre a ceia eucarística como um memorial de sua páscoa, de sua morte e ressurreição, de sua entrega total ao Pai, a favor da realização do Reino de Deus. Disse: "Façam isto para celebrar a minha memória". "Isto" se refere aos gestos realizados pelo próprio Jesus: "Tomou o pão, deu graças, partiu e deu a seus discípulos, dizendo: 'Tomai e comei' [...]. Tomou o cálice com vinho, deu graças novamente e deu a seus discípulos, dizendo: 'Tomei e bebei' [...]". Assim, fica muito claro e evidente que a estrutura da missa é a de uma refeição, de um banquete; ela expressa bem a relação de comunhão que Deus quer ter conosco e que nós devemos criar entre nós.[1] Na celebração eucarística trata-se, portanto, de conviver, comer e beber juntos, como sinal efetivo de comunhão entre nós e com Deus.

Mas, de que adiantam essas palavras bonitas, se não as colocarmos em prática? Procure olhar as missas do jeito que estão sendo celebradas em sua igreja: é tão evidente assim que se trata de um "banquete"? É possível reconhecer nelas, com facilidade, os traços da "ceia" que o Senhor Jesus nos mandou

---

[1] Cf. João Paulo II, Carta apostólica *Mane nobiscum Domine*, 2004, n. 15.

celebrar em sua memória? Trata-se realmente de um momento de "convivência, de comer e beber juntos", expressando e fortalecendo nossa comunhão entre nós e com o Senhor?

A compreensão e a participação do mistério da eucaristia passam necessariamente pelos "sinais sensíveis" e pela verdade desses sinais. Lembremos algumas exigências e apontemos algumas sugestões quanto a esses sinais de ceia, de banquete:

- *Mesa posta no início da liturgia eucarística.* Que não se use a mesa eucarística durante os ritos iniciais, nem finais, nem durante a liturgia da Palavra, mas somente durante a liturgia eucarística. (A única aproximação prevista é para beijar a mesa no início e no fim da celebração.)

- *O povo trazendo as oferendas.* Na preparação das oferendas, é significativo que o povo traga em procissão o pão e o vinho para a celebração eucarística, principalmente aos domingos e outros dias festivos. O pão e o vinho simbolizam as forças da natureza e toda a nossa vida que queremos partilhar. São símbolos de nosso viver e sofrer, de nosso lutar e sonhar; serão assumidos no memorial da páscoa de Jesus e devolvidos a nós na comunhão, como sinais sacramentais da morte e ressurreição do Senhor. Ocasionalmente, em alguma data festiva, outros símbolos poderão completar estes dois sinais fundamentais. É o momento significativo também de recolher o dinheiro e outras doações para o sustento da comunidade e dos necessitados. Como o termo diz, trata-se de uma "preparação, uma apresentação". A oferta propriamente dita será realizada durante a oração eucarística.

- *Na mesa, somente o essencial.* O mais importante na mesa é o *prato com pão e o cálice com vinho.* Além do missal (se for necessário), evitemos de colocar outros objetos em cima da mesa: crucifixo, velas e arranjos com flores, almofada ou estante para o missal, microfone etc. Eles podem "poluir" nossa vista e nos impedir de fixarmos nosso olhar, nossa mente e nosso coração na mesa com pão e vinho.

- *Sem patena particular para o presidente.* Devemos eliminar aquele pequeno prato (patena) para "a hóstia do padre": "É conveniente *usar uma [única] patena de maior dimensão,* onde se coloca o pão para o sacerdote e o diácono, bem como para os demais ministros e fiéis" (IGMR, n. 331). Por quê? Porque a comunhão num único pão é sinal de nossa comum união no Corpo de Cristo (cf. 1Cor 10,16-17). O padre não está fora ou acima da comunidade; a partilha do único pão significa que somos um só corpo em Cristo.

- *Os convivas.* Sempre que possível, é bom que todas as pessoas participantes se acheguem à mesa a partir da oração eucarística, "circundando" o altar, como o expressa a Oração Eucarística I. Poderão retornar a seus lugares após a comunhão.

- *Bênção da mesa.* A oração eucarística como um todo corresponde à ação de graças que Jesus fez na última ceia como bênção da mesa, indicando o sentido daquela ceia. Trata-se de uma única oração, com vários elementos interligados, todos igualmente necessários: diálogo inicial, prefácio, santo, primeira epiclese, narrativa da última ceia, anamnese (memorial) e oblação (oferta), segunda epiclese, intercessões, doxologia final. Não se deve realçar a narrativa da última ceia, dando a impressão de ser este o único elemento que realmente importa. "Nem pelo tom de voz, nem de qualquer outra maneira se isole a narrativa da última ceia do resto da oração eucarística, como se fosse uma peça à parte."[2]

- *Cuidado com os cibórios.* Para a distribuição do pão eucarístico, usemos "patenas", evitando o uso de "cibórios", os quais se parecem com cálices. Aqui também é importante a verdade do sinal. Ninguém serve pão num copo, mas sim num prato.

- *Outros sinais a serem observados e vivenciados* são: sempre que possível, usem o pão ázimo no lugar de hóstias, observem a fração do pão, a comunhão com o pão consagrado naquela missa (e não tirado do sacrário), a comunhão no vinho para todos, a maneira de servir e de tomar o pão e o vinho etc. A purificação da patena e do cálice após a comunhão se faça, de preferência, na credência, e não no altar.

---

[2] Cf. CNBB, Seminário Nacional sobre a Eucaristia na vida da Igreja; reflexões e conclusões práticas finais. In: CNBB, *A Eucaristia na vida da Igreja, subsídios para o ano eucarístico.* São Paulo, Paulus, 2005. pp. 101-114.

# 4. Eucaristia com hóstias ou com pão?

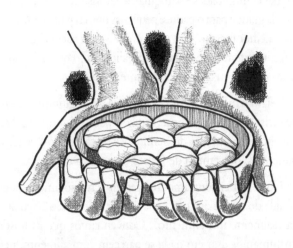

Em Belém do Pará, uma religiosa contou o seguinte caso. Acompanhou um padre e outras pessoas numa viagem de barco que durou vários dias para visitar uma das muitas comunidades ribeirinhas afastadas. Entre outras atividades pastorais, celebrariam aí a única missa do ano daquela comunidade. Acontece que, chegando lá, se deram conta de que não haviam levado hóstias. A religiosa logo sugeriu que pedissem às donas de casa para trazerem um pouco de pão de sua casa. O padre se recusou terminantemente: sem hóstias, não celebraria a missa. E dessa forma, deixou aquela comunidade sem eucaristia por dois longos anos, enquanto o normal seria que celebrasse a eucaristia a cada semana, no dia do Senhor.

Casos como esse são raros talvez, mas a mentalidade de que é preciso celebrar com hóstias é muito arraigada. De fato, na grande maioria das comunidades e paróquias, a eucaristia é celebrada com uma hóstia grande para o padre e pequenas hóstias para o povo. No entanto, melhor mesmo seria usar um ou vários pães ázimos, que sejam facilmente reconhecidos como alimento. Por quê? Vamos aos textos oficiais, mais especificamente à IGMR.

Vejam o que a IGMR diz no n. 319: "Seguindo o exemplo de Cristo, a Igreja sempre utilizou pão e vinho com água para celebrar o banquete do Senhor". Aí estão os dois critérios fundamentais: o exemplo de Cristo e a prática da Igreja.

No n. 321 encontramos um terceiro critério fundamental: "A verdade do sinal exige que a matéria da celebração eucarística pareça realmente um alimento". Convenhamos que as hóstias que costumamos usar em nada se parecem com alimento, nem na aparência, nem no tamanho, nem no cheiro, nem no gosto; geralmente são engolidas, não mastigadas. Notem que o texto fala de "exigência" da verdade do sinal! Certamente, não podemos dizer que as hóstias cumprem essa exigência.

No mesmo n. 321 ainda encontramos um quarto critério: "o valor e a importância do sinal da unidade de todos [os membros da comunidade] num só pão, e da caridade fraterna pelo fato de um único pão ser repartido entre os irmãos [e irmãs]". Aqui o texto alude a uma profunda verdade: o pão eucarístico nos é dado para que sejamos juntos um só corpo em Cristo e vivamos a caridade fraterna, também fora da celebração. Daí a importância do gesto da fração do pão, que por si só designava a eucaristia nos tempos apostólicos (cf. At 2,46; 20,7). Com a hóstia não acontece a mesma coisa. Ela não foi feita para ser partilhada entre todos e, por isso, não expressa, enquanto sinal, a finalidade da eucaristia que é formar o único corpo por comermos de um único pão, como diz são Paulo (cf. 1 Cor 10,17). A pequena hóstia foi feita para consumo individual. Por conta disso, o gesto da fração do pão, realizado unicamente com a hóstia maior do padre, tornou-se pouco expressivo e cada pessoa come "sua" hóstia, sem poder contar com o sinal do pão partilhado que a obriga a levar em conta as outras pessoas que estão comungando com ela. Dessa forma também não fica tão clara a relação entre eucaristia e caridade fraterna.

Portanto, o melhor mesmo é usar pão, como Jesus fez, como alimento a ser partido e repartido em sinal de união e caridade fraterna, em sinal de "comunhão" entre nós em Cristo. E assim aconteceu em todas as celebrações eucarísticas até lá pelo século XII. Nessa época, o povo já não comungava mais, a não ser em ocasiões especiais, e se havia perdido o sentido da eucaristia como ação comunitária, como banquete do Senhor. Foi naquela época que começaram a aparecer "hóstias" do tamanho de uma moeda, bem branquinhas, do jeito que as conhecemos hoje. A palavra "hóstia", que designa a vítima a ser imolada, realça a relação da teologia da eucaristia como sacrifício.

Como vimos, a renovação conciliar, para ser fiel aos critérios apontados anteriormente, pede para voltarmos ao uso do pão (ou de hóstias grandes e espessas) em lugar das hóstias pequenas, inclusive para possibilitar a restauração do gesto da fração do pão. Deixou apenas duas pequenas brechas: "Não se excluem, porém, as hóstias pequenas, quando assim o exigirem o número dos comungantes e outras razões pastorais". Na prática — será por comodismo? ou por falta de conhecimento ou de zelo pastoral? —, depois de quarenta anos de renovação conciliar, o uso das hóstias pequenas continua sendo comum, e o pão ainda não voltou às nossas mesas eucarísticas. Que cada um de nós ajude a mudar essa situação, começando com sua própria comunidade. Assim saberemos apreciar o valor desse sinal e compreender melhor o grande mistério que Jesus nos deixou.

## Dois lembretes relacionados com o uso do pão ázimo em vez de hóstias

1) É preciso prever uma patena (prato, travessa, cesta, bandeja...) grande o suficiente para que o pão (ou os pães, caso houver muitos participantes) possa ser partido nela com facilidade, sem que os pedaços ameacem cair. Se houver vários ministros para distribuir a comunhão, é preciso prever vários pratos (ou cestas ou bandejas...).

2) Devemos instruir o povo a não "engolir" o pão inteiro, mas "comer, mastigar".

## Cinco lembretes para quando se usam hóstias

1) Que se usem hóstias grandes, a fim de que possam ser repartidas e que o padre não consuma "sua" hóstia sozinho (cf. IGMR, n. 321).

2) Que sejam hóstias um pouco mais espessas, para que possam ser mastigadas como alimento e para facilitar a comunhão com vinho por intinção (cf. IGMR, nn. 321 e 285).

3) Que todas as hóstias (incluindo a do padre) estejam numa única patena (prato, travessa, cesta, bandeja...) (cf. IGMR, n. 331).

4) Que para a comunhão durante a missa não sejam usadas as hóstias do sacrário, a não ser em caso de necessidade (cf. IGMR, n. 85).

5) Que haja uma preocupação em servir hóstias recém-feitas, sem nenhum sinal ou gosto deteriorado (mofo, por exemplo). Isso vale tanto para as hóstias guardadas na sacristia a serem usadas nas celebrações eucarísticas, como para as hóstias da reserva eucarística no sacrário. Estas últimas devem ser renovadas periodicamente.

# 5. Pão com ou sem fermento?

Muitas pessoas perguntam: por que se usa pão ázimo, isto é, pão sem fermento para a eucaristia? Não poderia ser um pão comum, fermentado? Precisa ser feito de algum tipo de farinha especial, de trigo, no caso? E o que fazer nas regiões onde não se usa farinha de trigo, mas, sim, de milho ou de mandioca?

Recentemente, um jornal divulgou até um caso extremo:

---

### Menina tem comunhão anulada

*BRIELLE – Uma menina de oito anos que sofre de um problema digestivo que a impede de comer trigo teve sua primeira comunhão anulada porque a hóstia não continha o grão, o que viola a doutrina católica. Agora, a mãe de Haley Waldman quer que a diocese de Trenton e o Vaticano abram uma exceção, dizendo que a doença da menina não deve ser usada para excluí-la dos sacramentos. A mãe diz que uma hóstia de arroz deveria bastar. "Não se trata apenas de uma opção viável. Como isso poderia corromper a tradição da Última Ceia? É apenas arroz no lugar do trigo", disse Elizabeth Pelly-Waldman. A doutrina da Igreja diz que a hóstia deve conter ao menos algum trigo sem levedura, e a liderança católica reluta em alterar o sacramento* (Folha da Manhã On-line, *Sexta-feira, 20 de agosto 2004*).

---

Se realmente aconteceu assim como o jornal publicou, fico pensando no que Jesus faria nesse caso? O que pesaria mais para ele: a lei eclesiástica ou a menina que, como cristã, quer participar da comunhão e tem direito a isso? Provavelmente repetiria indignado: "O sábado foi feito para o ser humano e não o ser humano para o sábado"; as leis devem ajudar, não escravizar o ser humano.

Mas, para entendermos melhor o assunto, recordemos alguns fatos históricos sobre o pão com ou sem fermento[1] e também sobre outros tipos de pão:

## a) Pão com ou sem fermento?

• Se a última ceia foi uma ceia pascal, Jesus deve ter usado "pão sem fermento", por se tratar de um costume judaico naquele tipo de ceia. Faz referência à pressa com que o povo saiu do Egito, fugindo do regime de escravidão.

• No entanto, em nenhum momento o Novo Testamento insiste em que o pão para a eucaristia seja sem fermento.

• Nos primeiros séculos usava-se pão comum, fermentado, trazido de casa; às vezes em forma de coroa, às vezes com inscrições ou desenho. Havia uma relação muito forte entre

---

[1] Cf. JUNGMANN, J.-A., *Missarum Solemnia*; origens, liturgia, história e teologia da missa romana. São Paulo, Paulus, 2009, pp. 513-516; MARTIMORT, A. G. *A Igreja em oração*; introdução à liturgia. Singeverga/Tournai, Ora et Labora/Desclée & Cie, 1965. pp. 424-425.

a oferenda feita pelo povo e a comunhão; o povo oferecia o *sacrificium* (oblação) e recebia a comunhão. A IGMR, n. 73, lembra isso e diz que a procissão das oferendas continua tendo hoje o mesmo sentido espiritual: "[...] trazem-se as oferendas. É louvável que os fiéis apresentem o pão e o vinho que o sacerdote ou o diácono recebem em lugar adequado para serem levados ao altar. Embora os fiéis já não tragam de casa, como outrora, o pão e o vinho destinados à liturgia, o rito de levá-los ao altar conserva a mesma força e significado espiritual".

• Entre os séculos VIII e IX aparece pela primeira vez na Igreja latina a ideia de usar pão sem fermento.[2] Essa prática se generaliza somente no século XI. Os pães que o povo continuava trazendo de casa já não eram usados para a eucaristia, mas ficavam para o clero e para o pão bento após a comunhão.

• Em 1439, o Concílio de Florença declara que o sacramento pode ser realizado com pão ázimo ou com pão fermentado. As Igrejas orientais, mesmo as ligadas a Roma, continuam até hoje celebrando com pão fermentado.

• A IGMR dizia em suas primeira e segunda edição: "O pão para a celebração da eucaristia deve ser [...] ázimo, conforme a tradição da Igreja latina" (n. 282). Na terceira edição (2002)

---

[2]   Os armênios usavam pão ázimo desde o século VI, por uma questão teológica: a rejeição da natureza humana de Cristo (monofisismo), que estaria simbolizada pelo fermento misturado à farinha, assim como pela água misturada ao vinho.

corrigiu: "[...] conforme *antiga* tradição da Igreja latina" (n. 320). De fato, como vimos antes, durante um período de oito a onze séculos, também a Igreja latina usou pão comum, com fermento.

- Conclusão: o pão sem fermento é de uso bem restrito à Igreja latina e foi uma novidade introduzida após séculos de utilização do pão fermentado.

## b) Pão de trigo ou também outros tipos de pão?

- Diz a IGMR: "O pão para a celebração da eucaristia deve ser de trigo [...]". A terceira edição (2002) acrescenta: "[...] sem mistura, recém-feito" (n. 320).

- Aqui entra em ação o princípio da adaptação e inculturação. Guardando o sentido essencial da tradição que nos vem de Jesus e das comunidades primitivas, a Igreja pode e deve fazer adaptações na liturgia, para que em cada cultura o povo possa facilmente compreender e participar dos mistérios celebrados.[3] Aqui na América Latina e no Caribe, o *Documento de Santo Domingo* (1992) pede para "cuidar dos sinais e da linguagem cultural que assinala a presença cristã e permite introduzir a originalidade da mensagem evangélica no coração das culturas, especialmente no campo da liturgia" (n. 254).

---

[3] Cf. SC, nn. 21 e 37-40; João Paulo II, *Vigesimus quintus anos,* 16; CONGREGAÇÃO PARA O CULTO DIVINO, *A liturgia romana e a inculturação;* quarta instrução para uma correta aplicação da constituição conciliar sobre a liturgia. Petrópolis, Vozes, 1994.

- Em uma de suas cartas dirigidas a Inácio de Loyola, fundador de sua ordem, José de Anchieta relata que, nestas terras brasílicas, a farinha de mandioca substituía o trigo ao qual estava acostumado na Europa: "O principal alimento desta terra é farinha de pau, que se faz de certas raízes que se plantam, e chamam mandioca, as quais — quando comidas cruas, assadas ou cozidas — matam. É necessário deitá-las na água até apodrecerem; apodrecidas, desfazem-se em farinha, que se come, depois de torrada em vasos de barro bastante grandes. Isto substitui entre nós o trigo. [...] em vez de vinho bebemos água cozida com milho, ao qual se mistura mel, se o há".[4]

- Poderíamos perguntar: que tipo de pão o povo costuma comer nas várias regiões do Brasil? Se Jesus fosse brasileiro (mineiro, paulista, maranhense, cearense, amazonense, gaúcho, capixaba etc.), que tipo de pão usaria?

- De qualquer forma, o mínimo que podemos fazer é usar pão ázimo, pelo menos aos domingos e em dias de festa. A experiência mostra que, nas comunidades menores, as famílias costumam se revezar para fazer esse pão; em outras, é a pastoral da saúde ou um clube de mães que se dispõem a fazê-lo. Principalmente nas paróquias maiores, pode-se recorrer ao serviço de um dedicado padeiro. Nas regiões onde há muitos descendentes de árabes, encontra-se no comércio com certa

---

[4] Carta do quadrimestre de maio a setembro de 1554, dirigida por Anchieta a santo Inácio de Loyola, Roma. In: ANCHIETA, José de. *Minhas cartas*. São Paulo, Associação Comercial de São Paulo [2004, 450º aniversário da fundação de São Paulo], pp. 140-158; trecho citado na p. 148.

facilidade "pão sírio" ou "pão árabe",[5] bastante parecido com o pão usado na ceia judaica.

- Aqui vai uma receita de pão ázimo, ou seja, pão sem fermento. Se for preciso (dependendo do tamanho da assembleia), façam vários pães, o suficiente para servir a todos os participantes.

---

### Pão ázimo, uma receita

*Misture 1 xícara de farinha, uma pitada de sal, água, 1 colher (de sopa) de óleo, formando uma massa como para pão comum. Sove bastante e espalhe até conseguir uma camada fina (entre três e quatro milímetros de espessura), formando um pão achatado e redondo de 15 a 20 cm de diâmetro. Com uma espátula ou uma faca, desenhe os cortes na massa, para facilitar a fração durante a celebração. Leve ao forno para assar, tendo o cuidado de colocar no forno uma vasilha com água para evaporar e, assim, evitar que o pão fique duro. Se assim mesmo o pão endurecer, embrulhe-o em pano úmido, uma hora antes do início da celebração.*

---

[5] Esse pão costuma levar uma quantidade mínima de fermento, algo em torno de quatro gramas para cada quilo de farinha.

# 6. Fração do pão

Se Jesus de Nazaré entrasse disfarçadamente em uma de nossas celebrações eucarísticas, será que reconheceria a ceia que pediu para celebrarmos em seu memorial? Entre muitas outras coisas, certamente sentiria falta da fração do pão.

O que é a fração do pão? É um dos gestos constitutivos da eucaristia. É o fato de partirmos o único pão eucarístico em várias partes a serem distribuídas entre as pessoas presentes, significando que, comendo desse pão que é para nós o Corpo de Cristo, nós nos tornamos nele, pela ação do Espírito Santo, um só corpo. Vejamos a invocação (epiclese) que é feita sobre a comunidade durante a oração eucarística: "E nós vos suplicamos que, participando do Corpo e Sangue de Cristo, sejamos reunidos pelo Espírito Santo num só corpo". Num só corpo! Trata-se da Igreja, da comunidade! É comendo e bebendo juntos do mesmo pão e do mesmo cálice com os quais celebramos o memorial da morte e ressurreição do Senhor Jesus que nos tornamos Igreja! Certamente vocês conhecem o seguinte canto que expressa bem esse sentido: "Nós somos muitos, mas formamos um só corpo, que é o corpo do Senhor, a sua Igreja, pois todos nós participamos do mesmo pão da unidade, que é o corpo do Senhor, a comunhão". É fácil reconhecer nesse canto o texto de São Paulo em 1Cor 10,16b-17: "O pão que partimos não é comunhão com o corpo de Cristo? Já que há um único pão, nós, embora muitos, somos um só corpo, visto que participamos deste único pão". Infelizmente, desde o momento em que se começou a usar pequenas "hóstias" em vez de pão, o gesto da fração do pão se perdeu. Há mais de trinta anos que o gesto foi recuperado pela renovação litúrgica, mas são poucos os padres que o levam a sério.

Em que momento da missa se deve fazer a fração do pão? Jamais durante a narrativa da última ceia na oração eucarística[1] ou no momento da comunhão, como costuma acontecer por aí! E, sim, entre a oração eucarística e a comunhão, depois do abraço da paz, enquanto se canta o *Cordeiro de Deus*. Ao apresentar o pão para a comunhão, não se deve como que "colar" os vários pedaços para formar um pão ou a hóstia por inteiro; é o "pão partido" que deve ser apresentado, na patena.

É possível repartir um único pão com centenas de pessoas? Certamente, não. No caso de grandes assembleias, devem-se prever vários pães, calculando quantos serão necessários para atender a todas as pessoas, sem que sobre muito. Nos casos em que se preferem utilizar hóstias em vez de pão ázimo, que se usem algumas hóstias grandes que possam ser partidas e repartidas, ao menos com algumas pessoas.

---

[1] A celebração eucarística é "anamnese" (ação memorial) e não "mimese" (encenação); por isso, não se deve partir o pão no momento da narrativa da última ceia simplesmente porque lá se diz que Jesus partiu o pão. Cf. CONGREGAÇÃO PARA O CULTO DIVINO E A DISCIPLINA DOS SACRAMENTOS. *Diretório sobre a piedade popular e liturgia*; princípios e orientações. São Paulo, Paulinas, 2003 (Col. Documentos da Igreja, 12), n. 144, sobre a profunda diferença que existe entre as encenações da Sexta-feira Santa (mimese) e a ação litúrgica (anamnese).

Não se deve confundir a fração do pão com um outro gesto bem menos importante, feito logo a seguir: o padre coloca um pequeno pedaço do pão no cálice. É a chamada *commixtio*, ou mistura. De onde vem esse gesto e o que significa? Entre outras coisas, devemos lembrar que durante muito tempo a eucaristia era celebrada aos domingos somente pelo bispo com todos os presbíteros, diáconos e o povo em geral. Havia uma única eucaristia, um só altar, um só bispo, para expressar a unidade da Igreja. Quando não era possível reunir todos, o bispo mandava um diácono levar um pedaço de pão eucarístico da missa celebrada por ele para os presbíteros que reuniam o povo nas vilas. E o presbítero colocava esse pedaço no cálice logo depois da fração do pão, expressando a ligação daquela comunidade com o bispo.[2]

A fração do pão lembra tantos gestos expressivos em nossas mesas diárias ou festivas: o alimento repartido em família, no almoço ou no jantar, tomando cuidado para que ninguém fique sem; o bolo de aniversário cortado em pedaços, um para cada participante; os lanches comunitários em nossas reuniões de pastoral, colocando em comum os comes e bebes que cada pessoa preparou com carinho e trouxe para repartir com as demais. A fração do pão foi um dos gestos realizados por Jesus na última ceia: tomou o pão, pronunciou a bênção sobre ele, "partiu-o" e o deu a seus discípulos. Que bom podermos ver o Senhor partir o pão em cada missa e dar um "pedaço" a cada

---

[2]    Cf. Jungmann, *Missarum Solemnia*; origens, liturgia, história e teologia da missa romana. São Paulo, Paulus, 2009, pp. 758ss.

pessoa, expressando nossa união com ele e com os irmãos e irmãs na fé! Recebemos uma "parte" do pão eucarístico partido, "corpo sacramental" de Cristo, para "fazermos parte" do "corpo eclesial" e podermos continuar a missão de Jesus hoje, cuidando da "participação" real e igualitária de todos e todas no "corpo social"!

Leiam com atenção a oração pós-comunhão do 5º domingo do Tempo Comum e vejam a relação entre: 1) a comunhão no mesmo pão e no mesmo cálice; 2) a união dos cristãos e cristãs em Cristo, na comunidade; 3) a missão na sociedade:

*Ó Deus,*

*vós que quisestes que participássemos do mesmo pão*
*e do mesmo cálice,*

*fazei-nos viver de tal modo unidos em Cristo,*

*que tenhamos a alegria de produzir muitos frutos*
*para a salvação do mundo.*

*Por Cristo, nosso Senhor. Amém.*

# 7. Comunhão

A celebração eucarística está chegando ao fim. A comunidade se reuniu em assembléia. Ouviu e interpretou a Palavra do Senhor; fez subir a Deus as suas preces. Preparou a mesa; pronunciou a bênção sobre o pão e o vinho, fazendo memória de Jesus; partiu o pão em vários pedaços, um para cada participante. E agora, chegou o momento de juntos comermos e bebermos "aquele mesmo pão" e "aquele mesmo vinho" que foram colocados na mesa e sobre os quais se pronunciou a oração eucarística. É a comunhão. Momento culminante da celebração eucarística. Comendo e bebendo juntos os dons eucarísticos participamos ritualmente da paixão e da ressurreição do Senhor Jesus. Somos transformados nele. Por ele, entramos em comunhão com Deus e nossa vida se mistura com a dele.

Sabemos que a participação e a vivência espiritual desse sentido profundo da comunhão dependem da qualidade e da verdade dos sinais sensíveis. Por isso, aqui serão focalizadas três questões práticas:

## a) Comungar as hóstias tiradas do sacrário ou o pão (ou as hóstias) que estão sobre a mesa eucarística?

Há uma estreita relação entre a bênção (a oração eucarística) e a comunhão: "O cálice de bênção que abençoamos não é comunhão com o sangue de Cristo? O pão que partimos não é comunhão com o corpo de Cristo?" (1Cor 10,16). Por isso, normalmente a comunhão deve ser dada com o "pão fresco"[1] e com o vinho daquela celebração eucarística da qual estamos participando, e não com as hóstias tiradas do sacrário. Infelizmente, na maioria dos casos é o contrário que acontece: só nos é dado comer o pão de "outra" missa, anterior à da qual estamos participando. Devemos urgentemente rever essa prática! (cf. SC, n. 55 e IGMR, n. 85)

Muita gente pergunta: para que serve, então, a reserva eucarística, ou seja, as hóstias guardadas no sacrário? "A finalidade primária e primordial de conservar a eucaristia fora da missa é a administração do viático [aos moribundos]; são fins secundários a distribuição da comunhão e a adoração de nosso Senhor Jesus Cristo presente no Sacramento", diz o *Ritual para a Sagrada Comunhão e o culto do mistério eucarístico fora da missa*, 1975, n. 5.

## b) Receber o pão eucarístico na mão ou na boca?

É uma questão que parecia resolvida desde os primeiros passos da renovação litúrgica conciliar, mas que está voltando. Por que, afinal? Adultos costumam receber comida na boca? A língua será mais "digna" ou mais "limpa" do que a mão? Será uma forma de expressar a dependência dos leigos e leigas em

---

[1] Vejam *Ritual da Sagrada Comunhão*, 1975, n. 13.

relação ao clero? Ou de evitar que alguém leve o pão eucarístico para outros fins? Seja qual for a causa, os documentos oficiais tendem a respeitar o comungante: depende deste último receber na boca ou na mão. Uma coisa é certa: a "verdade do sinal" tantas vezes invocada na IGMR vale também para a maneira de comungar: é um ato de servir e ser servido, de comer e beber juntos. Nossa referência fundamental é a última ceia: com toda certeza, Jesus não colocou o pão e o vinho na boca dos discípulos. O gesto mais importante no momento da comunhão é "usar as mãos para receber e a boca para comer e beber". É nisso que devemos nos concentrar. A atitude é de grata alegria, entrega, união em Cristo, renovação pascal, da parte tanto de quem serve como de quem é servido. Não inventemos gestos adicionais, devocionais, como ficar ajoelhado, andar com o terço na mão, estender os braços em forma de cruz, colocar as mãos atrás do corpo (para expressar que não se quer receber a comunhão na mão), como fazem alguns. Tudo isso nos desconcentra do essencial.

## c) Comunhão é um ato individual ou comunitário?

"Comunhão" tem a ver com união, unir-se, comunidade. Na comunhão eucarística, a quem estamos unidos? Com quem comungamos? Antes de tudo, com o próprio Cristo, no mistério de sua morte e ressurreição, através dos sinais sacramentais de seu corpo entregue e de seu sangue derramado. Por Cristo, com ele e nele, na unidade do Espírito Santo, estamos em comunhão com o Pai; somos mergulhados na comunhão da

Santíssima Trindade. Não individualmente, mas como irmãos e irmãs, como comunidade, corpo do Senhor. A comunhão eucarística nos faz ser mais Igreja; renova, purifica e reforça nossos laços comunitários. Transborda em relações de amor; acarreta o compromisso de incrementar relações de harmonia, justiça, paz e amor entre as pessoas, os grupos, as culturas, os continentes e até mesmo com os elementos da natureza. Na comunhão eucarística antecipamos, gratos e alegres, a felicidade do Reino de Deus, quando Deus será "tudo em todos" (cf. 1Cor 15,28). Há três elementos rituais que nos ajudam a viver essa dimensão comunitária. 1) Há ministros e ministras que "servem" o pão e o vinho eucarísticos, expressando e criando laços de fraternidade com seu gesto, olhar e palavras; por isso, evitemos o "autosserviço". 2) Cantamos, como corpo eclesial e, pela união das vozes, unem-se os corações. Portanto, não é o momento de cada um fazer sua oração pessoal, numa atitude piedosa, porém individualista, às vezes "fugindo" da comunidade, para ir rezar diante do sacrário. 3) A expressão "Corpo e Sangue de Cristo" diz respeito não somente ao pão e ao vinho que nos são oferecidos, mas também à Igreja, à comunidade formada pelas pessoas que estão comungando; ao responder "Amém" conscientemente, estamos professando nossa fé na comunidade como corpo de Cristo. Vejamos como santo Agostinho expressa isso:

> Se quiserem compreender o que é o corpo de Cristo, escutem o que o apóstolo diz aos fiéis: "Vocês são o corpo de Cristo e cada um é membro deste corpo" (1Cor 12,27). Se vocês são o

corpo de Cristo e seus membros, então, o seu mistério (sacramento) está colocado sobre a mesa do Senhor e vocês recebem este mistério (sacramento). Vocês respondem "Amém" àquilo que vocês são, e esta resposta marca a sua adesão. Você escuta: "O Corpo de Cristo" e responde "Amém". Então, seja de fato um membro do corpo de Cristo, para que seu "Amém" seja autêntico" (Sermo 272, in die Pentecostis; trad. livre).

# 8. Vinho para todos

"Tomai e bebei todos vós". O mandamento de Jesus é claro e não deixa dúvidas. É para todas as pessoas participantes da assembleia eucarística beberem do cálice com vinho, em sinal de comunhão com o Cristo em seu mistério pascal. E assim aconteceu, até que a partir do século XII esta prática foi sendo aos poucos abandonada. A reforma protestante voltou à prática antiga, mas a Igreja Católica Romana resistiu até o Concílio Vaticano II (SC, n. 55). Nos anos seguintes, documentos oficiais foram alargando cada vez mais o leque de pessoas e ocasiões em que se pode dar a chamada "comunhão sob as duas espécies". Para nós, no Brasil, está valendo a lista elaborada na 33ª Assembleia Geral da CNBB e aprovado pela Sé Apostólica. Leiam esta lista com toda atenção (nas pp. 54-55), para poder colocá-la em prática; reparem principalmente no último item (4): "A Comunhão sob as duas espécies é permitida [...] na ocasião de celebrações particularmente expressivas do sentido da comunidade cristã reunida em torno do altar". Certamente, a missa dominical é uma dessas ocasiões!

Há três maneiras de fazer a comunhão com o vinho eucarístico: 1) bebendo diretamente do cálice; 2) por "intinção", isto é, molhando o pão parcialmente no cálice com vinho; 3) usando um canudo (que costuma ser de prata ou ouro), para sorver o vinho. No primeiro caso, quem serve o cálice é normalmente o diácono ou um ministro extraordinário da comunhão, ou outro leigo; o ministro entrega o cálice na mão da pessoa que comunga, dizendo: "O sangue de Cristo". Para uma assembleia muito numerosa, é possível usar vários cálices (cf. IGMR, nn. 207 e 285).[1] Quando falamos em "cálices", devemos levar em conta a possibilidade de usar diversos tipos de materiais (não porosos) e não somente o ouro ou a prata aos quais estamos mais acostumados.

Se alguém preferir comungar apenas do pão, não se lhe obrigue a tomar também o vinho. Algumas comunidades, por respeito às pessoas que não podem tomar bebida alcoólica, usam suco puro de uva, não fermentado, ou seja, sem álcool.

Sabemos que a comunhão somente no pão ou somente no vinho eucarístico é comunhão plena com Jesus Cristo. Por que insistir, então, na "comunhão sob as duas espécies"? O n. 14 da IGMR, que pede que os pastores "incentivem" essa forma de comunhão, aponta o motivo: para que o sinal sacramental seja mais "elucidativo", isto é, claro, esclarecedor, para que compreendamos melhor o mistério do qual participamos. Qual é esse sinal e qual o mistério que carrega?

Sob esta forma se manifesta mais perfeitamente o sinal do banquete eucarístico e se exprime de modo mais claro a

---

[1] Embora nada se diga do tamanho dos cálices, é possível pensar em um cálice maior, que ficará em destaque, e outros cálices menores para possibilitar a distribuição da comunhão por várias pessoas.

vontade divina de realizar a nova e eterna Aliança no Sangue do Senhor, assim como a relação entre o banquete eucarístico e o banquete escatológico no reino do Pai (IGMR, n. 281).

Três pontos, portanto, a serem assimilados e vividos:

1) A eucaristia é banquete e num banquete não pode faltar o vinho que alegra o coração, como nas bodas de Caná. A comunhão no vinho gera em nós alegria espiritual e esperança. Na alegria, celebramos a páscoa de Cristo e nossa páscoa nele. Na esperança, superamos nossas dores, nossas incertezas, nossos medos, celebrando nossa participação no banquete na casa do Pai.

2) Jesus nos deixou o cálice com vinho como sinal da nova e eterna aliança realizada em sua entrega até à cruz, a favor de toda a humanidade, e ele nos pergunta: "Vocês podem beber o cálice que eu vou beber?".[2] Recebendo o vinho na comunhão nos unimos também a Jesus em sua paixão e recebemos forças para aguentar as injustiças, as incompreensões, os sofrimentos pelos quais passamos por causa de nosso engajamento na missão ou por causa de circunstâncias da vida.

3) A eucaristia é sinal profético do banquete que Deus está preparando para todos os povos e culturas na festa final do Reino de Deus, imagem de nossa "utopia", da esperança que alimenta nossas lutas por melhores condições de vida para

---

[2] Se quiserem aprofundar mais o sentido espiritual deste gesto, leiam: NOUWEN, Henri J. M. *Podeis beber o cálice?* São Paulo, Loyola, 2002.

todos, por um mundo fraterno, de convivência em respeito, paz e igualdade. Antecipamos a festa do Reino, bebendo "a taça da libertação" da qual fala o Salmo 116(115).

4) Podemos acrescentar ainda: o vinho eucarístico é sinal da "sóbria embriaguez do Espírito Santo",[3] que nos anima em nossa difícil caminhada. Ao bebermos o vinho, o Espírito Santo nos leva a sonhar, a profetizar e a lutar por um futuro melhor, um "outro mundo" que é possível.

---

### Comunhão sob as duas espécies, no Brasil

Conforme proposta da 33ª Assembléia Geral da CNBB, aprovada pela Sé Apostólica, a ampliação do uso da Comunhão sob as duas espécies pode ocorrer nos seguintes casos:

1. A todos os membros dos Institutos religiosos e seculares, masculinos e femininos, e a todos os membros das casas de formação sacerdotal ou religiosa, quando participarem da Missa da comunidade.

2. A todos os participantes da missa da comunidade por ocasião de um encontro de oração ou de uma reunião pastoral.

---

[3] A expressão consta na 6ª estrofe de um hino de Santo Ambrósio, cantado nas laudes da 2ª feira, *Splendor paternae gloriae*. O texto diz: "*Laeti bibamus sobriam ebrietatem Spiritus*" [Alegres bebamos da sóbria embriaguez do Espírito]. No diurnal monástico (Rio de Janeiro: *Lumen Christi*, 1962, pp. 34-35), Dom Marcos Barbosa traduziu: "Do Espírito bebamos a embriaguez contida". Na atual Liturgia das Horas, no hino Clarão da glória do Pai, este verso recebeu a seguinte tradução: "O Santo Espírito bebamos nas fontes puras da vida". Infelizmente, sumiu a expressão original de "sóbria embriaguez".

3. A todos os participantes em Missas que já comportam para alguns dos presentes a comunhão sob as duas espécies, conforme o n. 243 dos Princípios e Normas para uso do Missal Romano:

a) quando há uma Missa de batismo de adulto, crisma ou admissão na comunhão da igreja;

b) quando há casamento na Missa;

c) na ordenação de diácono;

d) na bênção da Abadessa, na consagração das Virgens, na primeira profissão religiosa, na renovação da mesma, na profissão perpétua, quando feitas durante a Missa;

e) na Missa de instituição de ministérios, de envio de missionários leigos e quando se dá na Missa qualquer missão eclesiástica;

f) na administração do viático, quando a Missa é celebrada em casa;

g) quando o diácono e os ministros comungam na Missa;

h) havendo concelebração;

i) quando um sacerdote presente comunga na Missa;

j) nos exercícios espirituais e nas reuniões pastorais;

l) nas Missas de jubileu de sacerdócio, de casamento ou de profissão religiosa;

m) na primeira Missa de um neossacerdote;

n) nas Missas conventuais ou de uma "Comunidade";

4. Na ocasião de celebrações particularmente expressivas do sentido da comunidade cristã reunida em torno do altar.

CNBB, *Guia litúrgico-pastoral,* 2. ed. revisada e ampliada.
Brasília, s/d, pp. 47-48.
Vejam também no *Diretório Litúrgico.*

# 9. A gota d'água

Muita gente pergunta de onde vem o costume de colocar um pouco de água no vinho, qual o sentido disso e se é necessário fazê-lo. Para responder a essas questões, é preciso evocar "uma longa história", cheia de detalhes. Tentemos apontar o essencial.[1]

Antes de tudo, colocar água no vinho era costume "grego" observado também na Palestina no tempo de Jesus; portanto, nada mais natural que as comunidades cristãs fizessem a mesma coisa na ceia eucarística. A partir do século II, vários autores salientam a importância da mistura da água no vinho para a eucaristia, atribuindo um sentido simbólico a essa mistura. E é aí que começam as dificuldades. Surgem muitas controvérsias e brigas teológicas, não por causa da água e do vinho em si, mas porque as correntes teológicas divergentes procuram acoplar suas ideias a esse gesto tão simples. Vejamos algumas das interpretações teológicas e algumas práticas relacionadas com a água e o vinho:

• *Grupos gnósticos* que são contra o uso de vinho em qualquer ocasião substituem o vinho por água na celebração eucarística.

---

[1] Vejam JUNGMANN, *Missarum Solemnia;* origens, liturgia, história e teologia da missa romana. São Paulo, Paulus, 2009, pp. 516-519.

*São Cipriano* (bispo de Cartago, na África; morreu em 258) reage: esta prática não corresponde ao mandamento de Jesus.

- O mesmo *São Cipriano* justifica a "mistura" da água e do vinho dando-lhe um sentido simbólico: a união de Cristo com sua Igreja. Assim como o vinho absorve a água, o Cristo nos assume, mesmo com todas as nossas falhas e, dessa forma, a comunidade está inseparavelmente ligada a ele. Por isso, Cipriano diz: "Se alguém oferecer [na celebração eucarística] apenas o vinho, o sangue de Cristo como que está sem nós; e se oferecer apenas água, o povo fica sem Cristo".

- *Outros escritores* procuram uma explicação para a mistura da água com o vinho numa passagem do evangelho de são João (19,35), onde se diz que saiu "sangue e água" do lado de Jesus morrendo na cruz, quando um soldado enfiou-lhe uma lança.

- Durante a *Idade Média*, a ideia da unidade de Cristo e da Igreja é mais desenvolvida ainda: o que oferecemos na celebração eucarística não é somente o Cristo mas também a Igreja, contanto que a oferta seja realizada por um padre legitimamente ligado à Igreja. *Lutero* reage: se a mistura da água com o vinho significa que a "Igreja" oferece a eucaristia, é preferível não mais colocar a água no vinho, para deixar bem claro que a eucaristia é "obra realizada somente por Deus". O *Concílio de Trento*, em reação a Lutero, obriga a mistura da água com vinho e declara "anátema" (excomungado) quem a rejeita.

- Também no *Oriente* a gota d'água gerou brigas teológicas

terríveis. O vinho representava para eles simbolicamente a divindade de Cristo e a água sua humanidade. Os *armênios* que haviam aderido ao "monofisismo radical" professavam a divindade de Cristo, mas rejeitavam sua natureza humana. Por isso, desde o século VI, não quiseram mais fazer a mistura da água no vinho da celebração eucarística. (Pelo mesmo motivo, recusavam-se a colocar fermento no pão e, por isso, começaram a usar pão ázimo).

• E agora que essas controvérsias teológicas ficaram para trás, o *Catecismo da Igreja Católica* afirma: "Os sinais essenciais do sacramento da eucaristia são o pão de trigo e o vinho de uva [...]" (n. 1412). Não menciona a água como sinal essencial.

Quanto à "quantidade de água" que se coloca no vinho, ela variou muito ao longo da história e dependendo do lugar: metade vinho, metade água; dois terços de vinho, um terço de água; um terço de vinho, dois terços de água; três gotas de água; uma colherinha de água etc.

## As orientações do Missal Romano

Antes de tudo afirma-se o costume de misturar água no vinho: "Seguindo o exemplo de Cristo, a Igreja sempre utilizou pão e vinho com água para celebrar o banquete do Senhor" (IGMR, n. 319). Quanta água se deve colocar? Um pouco, diz a IGMR (nn. 142 e 178). Quem deve colocar esta água no vinho, onde e quando? Numa missa sem diácono, o presidente da celebração, "de pé, no lado do altar, derrama vinho e um pouco d'água no cálice, dizendo em silêncio: *Pelo mistério desta água...*, enquanto o ministro lhe apresenta as galhetas" (IGMR, n. 142). Na missa com a participação de um diácono, é este quem faz o gesto e diz as palavras em silêncio antes de apresentar o cálice ao padre. Mas ele não precisa fazer isso necessariamente no altar; pode fazer a preparação do cálice junto à credência. (cf. IGMR, n. 178).

*Qual é o sentido desta mistura da água no vinho?* Vejamos o texto que é dito em silêncio pelo presbítero ou pelo diácono: "Pelo mistério desta água e deste vinho possamos participar da divindade do vosso Filho, que se dignou assumir nossa humanidade". Encontramos aqui um tema caro à liturgia do Natal:[2] a admirável "troca"; Cristo assume nossa humanidade, para que nós possamos participar de sua divindade.

*Qual é atualmente a importância desta mistura?* A renovação litúrgica quis devolver à liturgia sua "nobre simplicidade" (SC, n. 34), tirar "todos os [elementos] que, com o andar do tempo, se duplicaram ou menos utilmente se acrescentaram" (SC, n. 50). E assim fez uma grande simplificação na preparação das oferendas. A mistura da água no vinho ficou; porém, de forma bem discreta e sem chamar a atenção. Senão, vejamos: 1) as palavras que acompanham o gesto são ditas em silêncio,

---

[2] Vejam, por exemplo, a oração sobre as oferendas na missa da noite do natal do Senhor: "Acolhei, ó Deus, a oferenda da festa de hoje, na qual o céu e a terra trocam os seus dons, e dai-nos participar da divindade daquele que uniu a vós nossa humanidade [...]".

portanto não há interesse em explicitar seu sentido; 2) na pequena bênção dita sobre o vinho — "Bendito seja Deus pelo vinho, fruto da videira..." —, a água não é mencionada; 3) quando há um diácono, o presbítero deixa-lhe a tarefa de colocar a água no vinho e de dizer em silêncio as palavras que a acompanham; 4) o diácono pode fazer a mistura da água no vinho não sobre o altar, mas na credência, antes de levar os elementos para o altar, portanto, sem nenhuma visibilidade por parte do povo.

# 10. Pão para ver ou para comer?

Não há dúvida nenhuma de que Jesus nos deixou como sinal memorial de sua morte e ressurreição pão para comer e vinho para beber, sacramento que nos permite participar de sua páscoa. Acontece que assistimos hoje em dia a uma avalanche de práticas eucarísticas características do segundo milênio: bênçãos, exposição e procissões com o Santíssimo com ostensório, às vezes até mesmo dentro da missa e parecendo tão ou mais importantes que a própria celebração eucarística; adoração e cantos devocionais durante a oração eucarística e depois da comunhão; o sacrário valorizado mais que o próprio altar; uma espiritualidade eucarística centrada unicamente na adoração de Jesus presente na hóstia consagrada.[1]

Olhemos mais de perto a palavra "ostensório". Tem a ver com "ostensivo"; é próprio para mostrar. Mostrar o quê? A hóstia consagrada. Acontece que Jesus não nos deixou o pão eucarístico para ser exposto, e sim para ser partilhado e comido. A redução da eucaristia ao "Santíssimo Sacramento", entendido como presença real do Senhor na hóstia consagrada, exposta

---

[1] Para maiores aprofundamentos, leiam: SILVA, Frei José Ariovaldo da. "Eu te adoro, hóstia divina"; a propósito da adoração ao Santíssimo Sacramento e da missa: aprendendo com a história. *Revista de Liturgia*, São Paulo, ano 28, n. 166, jul./ago. 2001; GIRAUDO, Cesare. *Num só corpo*; tratado mistagógico da eucaristia. São Paulo, Loyola, 2003. pp. 444-460.

para adoração, ou usada para "dar a bênção", traz consigo um sério risco pastoral e teológico. Reforçamos e perpetuamos a "concepção pré-conciliar da eucaristia" (centrada na presença real do Senhor na hóstia consagrada) ainda bastante viva na piedade popular, sem que o povo tenha tido oportunidade de ouvir falar e de assimilar "a teologia eucarística do Concílio Vaticano II", (focalizado no mistério central de nossa fé: a páscoa do Senhor), voltando assim às fontes de nossa fé.

A eucaristia é antes de tudo "ação", "celebração", a missa. É um encontro da comunidade de fé com o Cristo Ressuscitado, para celebrar o memorial de sua morte-ressurreição, ouvindo sua Palavra e fazendo os gestos que Jesus nos deixou: tomar o pão e o vinho, dar graças, partir e partilhar o pão, comer e beber juntos o pão e o vinho sobre os quais foi pronunciada a bênção, ou seja, a oração eucarística. Essa celebração deveria ser o centro e a raiz da vida e missão de cada comunidade cristã, ação litúrgica insubstituível. (Por isso, urge resolver o problema de dois terços, ou mais, das comunidades católicas, os quais estão sem poder celebrar regularmente a eucarística dominical).

O culto à eucaristia fora da missa (abrangendo bênção do Santíssimo, procissão, adoração, hora santa, visitas etc.) deve ser entendido como "prolongamento" da missa, para meditar sobre o mistério celebrado e entregar nossa vida ao Pai, como Cristo fez.[2] Depende, portanto, da missa e à mesma deve conduzir. Obviamente, deverá ser sempre realizado "fora" da missa. Jamais

---

[2]    Cf. Instrução *Eucharisticum Mysterium*, n. 50.

poderá ser igualado (ou preferido) ou servir de substituição à ação eucarística. Esse "culto" foi introduzido no segundo milênio, somente na Igreja Católica Romana, exatamente quando o povo cristão já não compreendia o mistério celebrado e já não comungava, a não ser muito raramente. A participação na ação eucarística foi, então, de certa forma, substituída pela devoção ao "Santíssimo". Em vez de juntos dar graças ao Pai, repartir o pão e o vinho, comer e beber, em profundo senso de gratidão, como Jesus nos mandou fazer, só sobrou para o povo a possibilidade de "ver a hóstia consagrada" e adorar Jesus presente na eucaristia.

Aqui vale ressaltar "a diferença entre culto eucarístico e culto à eucaristia". O "culto eucarístico" acontece na celebração eucarística: a comunidade reunida oferece "a Deus Pai" o sacrifício de louvor, ação de graças e súplica, por Cristo, com Cristo e em Cristo, na unidade do Espírito Santo. O "culto à eucaristia" tende a prestar culto "a Cristo" presente no Santíssimo Sacramento. Na renovação da missa depois do Concílio aconteceu uma mudança muito sutil, mas de suma importância, no gesto que o padre faz na hora da elevação no final da oração eucarística. Na missa antes do Concílio Vaticano II, o padre devia segurar a hóstia com o dedo indicador e o polegar, levantando-a verticalmente por cima do cálice, como que sugerindo que aí era um momento de adoração ao Cristo presente no pão e no vinho eucarísticos. No missal de Paulo VI, depois do Concílio, esse gesto foi mudado; agora o missal diz: "O sacerdote ergue o cálice e a patena com a hóstia". Portanto, a hóstia fica na patena (prato), e não é erguida por cima do cálice; normalmente, levantam-se, com uma das mãos, o cálice contendo o vinho e, com a outra, a patena contendo o pão. Esse gesto sintetiza toda a oração eucarística e se faz em atitude de "oferta de louvor ao Pai" e "não de adoração a Cristo". Por isso, não devemos confundir ou misturar os sinais próprios da celebração eucarística (missa) e da adoração ao Santíssimo Sacramento. São duas coisas distintas e de valor desigual.[3]

## *Dois lembretes*

1) Não interrompam a missa para fazer momentos de adoração, ou procissão, ou bênção com o Santíssimo. Não procurem a capela do Santíssimo ou o sacrário para fazer oração depois de ter comungado. Lembrem-se de que nada supera a própria celebração eucarística com sua dinâmica própria: ritos iniciais, liturgia da palavra, preparação das oferendas, oração eucarística, ritos de comunhão, ritos finais. É assim que obedecemos ao mandamento de Jesus: "Fazei isto em memória de mim".

2) Não substituam a aclamação memorial ("Eis o mistério da fé. Anunciamos, Senhor...") por cantos devocionais como "Bendito, louvado seja...", ou "Deus está aqui..." ou por orações devocionais como "Meu Senhor e meu Deus!".

---

[3] Para todo este parágrafo, cf. Editorial da Revista *Liturgia y Espiritualidad*, Barcelona, out. 2004, *Culto Eucarístico y culto a la Eucaristía*.

Voltemos ao gesto da "elevação do pão e do vinho". Antigamente, o padre rezava a oração eucarística em silêncio, de costas para o povo. Depois da chamada "consagração", tocava-se a campainha e o padre levantava primeiro a hóstia e depois também o cálice para todos verem e adorarem. O que importava era a presença real. Hoje, o padre celebra de frente para o povo e todos são chamados a participar atenta e conscientemente da oração eucarística como um todo, que é toda ela prece de consagração, enquanto memorial da páscoa do Cristo Jesus. Essa oração termina com o "Por Cristo, com Cristo e em Cristo...", que sintetiza e conclui a ação de graças iniciada no prefácio. Por isso, esse é o único momento em que se deve "erguer" a patena com o pão e o cálice com vinho. Esse é o momento da grande elevação! O momento da narrativa da instituição não deveria receber maiores destaques (campainhas, elevação etc.), para não interromper a oração eucarística na qual está organicamente integrada.

Tudo isso nos leva a uma reflexão também sobre "as representações da eucaristia" em santinhos de primeira comunhão, convites de ordenação presbiteral, enfeites na festa de *Corpus Christi*, desenhos ou fotografias como ilustração de artigos sobre a eucaristia em jornais e revistas etc. Com muita frequência encontramos aí ostensórios, hóstias colocadas verticalmente sobre o cálice etc. Representar a eucaristia dessa forma reforça a compreensão pré-conciliar, impedindo a assimilação da teologia eucarística pascal do Concílio Vaticano II (que não é nada mais que uma volta às fontes de nossa fé, para facilitar, como queria o papa João XXIII, a reconciliação com os "irmãos separados" das outras Igrejas cristãs). Todos sabemos que a mensagem visual (foto, desenho etc.) é de mais fácil compreensão; tem muito mais força de persuasão do que a mensagem escrita; esta última é mais "custosa", porque deve ser lida e apreendida. E assim, o povo assimila mais facilmente a compreensão (nem sempre correta) da eucaristia expressa nessas representações do que na própria celebração eucarística ou em textos de aprofundamento.

Que tipo de ilustração combina, então, com o mistério da eucaristia de acordo com a renovação conciliar (que já conta com seus mais de cinquenta anos!)? É simples. Eucaristia é a comunidade reunida em torno da dupla mesa do Senhor, que é a mesa da palavra e a mesa do pão e do vinho. Eucaristia é um povo de sacerdotes em ação de graças e louvor. Eucaristia são irmãos e irmãs se encontrando, na certeza da presença transformadora do Ressuscitado e do Espírito (na assembleia reunida que ora e canta, na palavra proclamada e interpretada, no ministro que preside, no pão e no vinho partilhados; cf. SC, n. 7). Eucaristia é a gente aceitando o dom do Corpo e Sangue de Cristo, comendo e bebendo o pão e o vinho eucarísticos, assimilando a atitude de doação total de Cristo Jesus, para nos tornar, nós mesmos, a partir da celebração, doação total ao Pai, sinal vivo e operante de Cristo Ressuscitado e de seu Espírito. Portanto, em vez de ostensórios ou cibórios, coloquemos mesa com pão e vinho. Em vez da figura isolada do padre ou do bispo celebrante, um povo presidido pelo padre ou pelo bispo. Em vez de "elevação" da hóstia ou do ostensório, pão e vinho oferecidos como comida e bebida. Em vez de gente olhando para a hóstia consagrada, gente comendo e bebendo, em profunda alegria e gratidão pelo dom que Cristo nos faz de sua vida entregue, de sua morte-ressurreição, até que ele venha.

# 11. Pão para a vida do mundo

Nos relatos da multiplicação dos pães nos evangelhos, chamam a nossa atenção as referências litúrgicas: Jesus "tomou" os pães e os peixes e, depois de "dar graças, partiu-os" e "distribuiu" e "deu de comer" às multidões famintas (cf. Mt 14,13-21; 15,32-38; Mc 6,31-44; Lc 9,10-17; Jo 6,1-13). Afinal, há uma relação muito estreita entre a eucaristia e a preocupação de Jesus em estimular a partilha para acabar com a fome do povo. Vejamos:

1) No Reino de Deus que Jesus veio inaugurar, não há lugar para fome, miséria, necessitados, desigualdade social.

2) Jesus andou anunciando este reino, não somente com palavras, mas também com ações, entre as quais a multiplicação dos pães.

3) Ele foi perseguido e condenado à morte na cruz, porque viam em sua atuação junto dos pobres um perigo para a nação, ou seja, um perigo para as autoridades que se enriquecem à custa do povo, que são insensíveis à situação de miséria e dependência política e religiosa do povo.

4) Na ceia de despedida, fez do gesto do pão e do vinho partilhados o sinal do seu amor, um anúncio de sua morte e ao mesmo tempo o sinal de compromisso dos seus com a continuação da missão, até à plena realização do Reino de Deus.

Assim fica claro que é preciso "considerar o Mistério eucarístico, não só em si mesmo, mas também em relação aos problemas de nosso tempo": o mundo de ganância, corrupção, guerra, individualismo, prazer egoísta, pobreza, desigualdade social, discriminação de minorias étnicas e das mulheres, apego ao dinheiro e ao poder. Participar da eucaristia inclui "um maior compromisso de fraternidade e de serviço aos mais necessitados", porque a eucaristia é "fonte e epifania de comunhão. É princípio e projeto de missão".[1] Ou como reza um canto de comunhão: "Receber a comunhão com este povo sofrido é fazer a aliança com a causa do oprimido".

Se é preciso falar de "graves abusos" em relação à eucaristia, aí estão: não se preocupar com quem passa necessidades; não fazer nada para acabar com a fome, a miséria, a desigualdade social; não se empenhar em criar uma sociedade mais justa e fraterna; não ser capaz de partilhar, de dar e receber, por amor. Toda e qualquer missa celebrada apenas como rotina ou como "devoção" não merece o nome de eucaristia. A participação na eucaristia é um gesto eticamente comprometedor. Quem comunga do corpo sacramental de Cristo assume o compromisso de continuar seu gesto messiânico de partilhar e multiplicar o pão para as multidões famintas. Isso é extremamente relevante em um mundo onde é cada vez mais gritante a desigualdade

---

[1] João Paulo II, *Discurso de Abertura do Congresso Eucarístico Internacional em Guadalajara*, out. 2004.

social — "enquanto uns têm fome, outros ficam embriagados" (cf. 1Cor 11,21). Aqui aparece um terceiro "corpo": o corpo social, no prolongamento e como finalidade do corpo sacramental e do corpo eclesial. Ou seja: partimos o pão e comungamos "para" nos tornar, pela força do Espírito Santo, um corpo eclesial "a serviço" da vida na sociedade, no mundo, de acordo com a aliança que Deus estabelece com todos os povos e até com o cosmos. Comungar rima com partilhar, com se relacionar. A fome do mundo é ao mesmo tempo material e espiritual, fome de pão e fome de relacionamento, na igualdade, na partilha, na doação.

Impresso na gráfica da
Pia Sociedade Filhas de São Paulo
Via Raposo Tavares, km 19,145
05577-300 - São Paulo, SP - Brasil - 2014